Raccoi

per l

Daria Gałek

While every precaution has been taken in the preparation of this book, the publisher assumes no responsibility for errors or omissions, or for damages resulting from the use of the information contained herein.

RACCONTI IN SPAGNOLO PER PRINCIPIANTI

First edition. June 25, 2023.

Copyright © 2023 Daria Gałek.

ISBN: 979-8223629900

Written by Daria Gałek.

Sommario

Introduzione 1

Capítulo 1: La llegada a la ciudad 2

Capítulo 2: Tienda de comestibles 5

Capítulo 3: La reunión con los vecinos 8

Capítulo 4: El primer día de trabajo 11

Capítulo 5: Reunirse con amigos 14

Capítulo 6: Una visita a la biblioteca 17

Capítulo 7: Un día en la playa 20

Capítulo 8: El picnic de Marta y su familia 23

Capítulo 9: Celebrando el Cumpleaños 26

Capítulo 10: La visita al zoológico 29

Capítulo 11: La clase de yoga 32

Capítulo 12: La aventura en el museo 35

Capítulo 13: Cuidando a la mascota de un amigo 39

Capítulo 14: El primer vuelo 41

Capítulo 15: El festival de música 44

Capítulo 16: El paseo en bicicleta 47

Capítulo 17: Preparando una comida especial 50

Capítulo 18: Una excursión a la montaña 53

Capítulo 19: Aprendiendo a bailar salsa 56

Capítulo 20: Un día de lluvia en casa..............................59

Ejercicios de los capítulos 62

Soluciones..78

Introduzione

"Racconti in Spagnolo per Principianti" è una raccolta di 20 storie brevi di facile lettura progettate per gli apprendenti di spagnolo principianti. Le storie sono scritte in linguaggio semplice e presentano personaggi e situazioni della vita quotidiana, rendendole ideali per coloro che stanno iniziando ad imparare la lingua.

Ogni storia è seguita da un elenco di vocaboli ed esercizi, che permettono ai lettori di verificare la propria comprensione ed espandere la propria conoscenza del vocabolario e della grammatica in spagnolo.

Che tu sia un principiante nello studio dello spagnolo o desideri migliorare le tue abilità di comprensione uditiva e lettura, "Racconti in Spagnolo per Principianti" è una risorsa preziosa per chiunque sia interessato ad imparare la lingua in modo divertente e coinvolgente.

Capítulo 1: La llegada a la ciudad

Marta es una joven que acaba de llegar a la ciudad en un autobús desde su pueblo natal. Ella tiene veinticinco años y está emocionada de comenzar una nueva vida en la ciudad. Lleva una maleta pequeña y una bolsa de mano con ella mientras camina por las calles del centro de la ciudad. Se siente un poco perdida y no está segura de dónde ir para encontrar su nuevo casa. De repente, un hombre se le acerca y le sonríe.

– Hola, me llamo Juan. ¿Necesitas ayuda? – preguntó hombre con sonríe

– ¡Hola! Me llamo Marta. Acabo de llegar a la ciudad y no sé cómo encontrar mi nuevo casa. – respondió Marta sorprendida por la oferta de ayuda.

– No te preocupes. ¿Dónde vives? – preguntó Juan con amabilidad.

– Vivo en la calle Mariposa número 23.

– ¡Eso está cerca! Sólo tienes que seguir por esta calle y girar a la derecha en la calle Azul. La calle Mariposa está a dos cuadras más allá. – explicó Juan.

– ¡Muchas gracias! – agradeció Marta con una sonrisa aliviada.

– De nada. ¡Que tengas un buen día! – dijo Juan antes de despedirse.

Gracias a las indicaciones de Juan, Marta encontró el camino a casa sin ningún problema. Estaba emocionada de empezar su nueva vida en la ciudad y planeaba explorarla en los próximos días.

Vocabulario:

joven – giovane

llegar – arrivare

ciudad – città

pueblo – paese

emocionada – emozionata

maleta – valigia

bolsa de mano – borsetta

mientras – mentre

preguntar – chiedere

calle – strada

encontrar – trovare

nuevo – nuovo

casa – casa

sonreír – sorridere

ayuda – aiuto

no te preocupes – non preoccuparti

dónde – dove

girar – girare

derecha – destra

de nada – di niente

llegar – arrivare

empezar – iniziare

explorar – esplorare

próximo – prossimo

Capítulo 2: Tienda de comestibles

Marta decidió ir a la tienda de comestibles para abastecer su nevera en su nuevo apartamento. Cuando llegó notó que estaba limpia y ordenada. Marta se acercó a un trabajador que estaba poniendo productos en los estantes.

– Buenos días. – saludó Marta con una sonrisa. –¿Dónde puedo encontrar los vegetales?

– Buenos días. – respondió el empleado con amabilidad. – Los vegetales están en la sección de la izquierda, al final del pasillo

– Gracias. – agradeció Marta con una voz amable. –¿Tienen tomates y lechugas frescos?

– Sí, acabamos de recibir una nueva entrega esta mañana. Están en la sección de vegetales frescos justo al lado – explicó el empleado con entusiasmo.

Marta dijo gracias al empleado y fue a la sección de verduras. Vio que había muchos productos frescos y buenos. Tomó algunos tomates y lechugas frescas y decidió buscar frutas.

– También necesito algunas frutas. ¿Dónde puedo encontrarlas? – preguntó Marta con curiosidad.

– Las frutas están en la sección de la derecha, justo después de los productos enlatados.

– Perfecto, gracias.

Marta encontró una sección con frutas frescas y tomó algunas manzanas y plátanos para la semana. Finalmente, Marta llevó sus compras al mostrador de caja.

– Son 10 euros en total, por favor – dijo el empleado con voz clara.

– ¿Aceptan tarjeta de crédito? – preguntó Marta con interés.

– Sí, aceptamos tarjetas de crédito y débito. También puedes pagar en efectivo.

– De acuerdo, muchas gracias.

Marta pagó por sus compras con tarjeta de crédito y salió de la tienda, lista para preparar su primera cena en su nuevo casa.

Vocabulario:

tienda de comestibles – negozio di alimentari

frutas – frutta

limpia – pulita

organizada – organizzata

empleado – dipendente

izquierda – sinistra

amable – gentile

también – anche

tomate – pomodoro

lechuga – lattuga

fresco – fresco

encontró – ha trovato

plátano – banana

manzana – mela

después – dopo

enlatado – in scatola

finalmente – infine

compras – spese/acquisti

pagar – pagare

tarjeta de crédito – carta di credito

efectivo – contanti

preparar – preparare

Capítulo 3: La reunión con los vecinos

Un día Marta recibió una invitación de los vecinos para asistir a una reunión en el edificio. Estaba emocionada de conocer a sus vecinos y aprender más sobre la comunidad. La reunión estaba programada para el sábado por la tarde en la sala comunitaria del edificio.

Marta llegó a la sala comunitaria y se sorprendió al ver a tanta gente allí. Ella se acercó a un grupo de personas que estaban hablando y se presentó.

– ¡Hola! Me llamo Pedro. ¿Eres la nueva inquilina? – preguntó uno de los vecinos.

– Sí, así es. Me llamo Marta y mudarme aquí hace unos días. – ella respondió.

– ¡Bienvenida a la comunidad! Me llamo Ana. ¿Te gusta aquí? – preguntó el otro vecino.

– Estoy emocionada de estar aquí. Me encanta el edificio y la ubicación es perfecta para mí.

– Me alegra escuchar eso. ¿Estás disfrutando de la ciudad hasta ahora? –preguntó el tercer vecino

– Sí, estoy explorando mucho.

La reunión comenzó con un discurso del presidente de la asociación. Habló de los próximos eventos. También se discutieron varias cosas relacionadas con la renovación del edificio.

Marta se sintió cómoda con sus vecinos y se emocionó al escuchar sobre las actividades y eventos planificados. Estaba contenta de haber asistido a la reunión y se sintió más conectada con la comunidad.

Vocabulario:

invitación – invito

vecinos – vicini

conocer – conoscere

reunión – riunione

sábado – sabato

tarde – pomeriggio

sala comunitaria – sala comunitaria

inquilina – inquilina

mudarse – trasferirsi

ubicación – ubicazione

otro – altro

alegra – fa piacere

escuchar – ascoltare

discurso – discorso

presidente – presidente

asociación – associazione

objetivos – obiettivi

eventos – eventi

relacionadas – correlati

conectada – connessa

Capítulo 4: El primer día de trabajo

Marta estaba emocionada por su primer día de trabajo en la nueva empresa. Llegó temprano a la oficina y se encontró con su jefe, David.

– ¡Hola, Marta! Me alegra que hayas llegado temprano. – dice David – ¿Estás lista para comenzar tu primer día de trabajo?

– Hola, David. Sí, estoy muy emocionada por empezar.

– Genial. Te mostraré nuestra oficina.

David llevó a Marta por la oficina y le mostró dónde se encontraban las diferentes áreas y departamentos. Luego llegaron a la estación de trabajo de Marta.

– Aquí es donde trabajarás – dijo David – Como puedes ver, tienes tu propia computadora y teléfono. Ahora, te presentaré al equipo.

David presentó a Marta a cada uno de sus nuevos compañeros de trabajo, incluyendo a su compañero de equipo, Sebastián.

– Marta, este es Sebastián, tu compañero de equipo. – dice David

– Hola, Marta – le dijo Sebastián con una sonrisa – Encantado de conocerte.

– Hola, Sebastián. Estoy emocionado de trabajar contigo. – respondió Marta

– ¡Genial! – dijo David – Ahora puedes empezar a trabajar.

Sebastián te ayudará con los documentos más importantes. ¡Bienvenida a nuestro equipo!

Después de reunirse con su equipo, Marta se sentó en su escritorio y comenzó a aprender sobre su trabajo. Sebastián amablemente le mostró los documentos más importantes. Marta estaba emocionada por las posibilidades que le esperaban en su nuevo trabajo. Sintió que había tomado la decisión correcta al comenzar a trabajar para esta empresa.

Vocabulario:

trabajo – lavoro

jefe – capo

empresa – azienda

temprano – presto

lista – pronta

oficina – ufficio

mostrar – mostrare

aquí – qui

computadora – computer

teléfono – telefono

equipo – squadra

compañero de trabajo – collega di lavoro

contigo – con te

documento – documento

bienvenida – benvenuto

reunirse – incontrarsi

escritorio – scrivania

aprender – imparare

amablemente – gentilmente

posibilidades – possibilità

Capítulo 5: Reunirse con amigos

Marta quedó con sus amigos para tomar un café en una cafetería en el centro de la ciudad. Estaba emocionada porque no había visto a sus amigos en mucho tiempo y quería compartir con ellos sus nuevas experiencias en el trabajo.

Después de saludarse y pedir café, Marta inició la conversación:

– ¿Cómo están? ¡Hace mucho tiempo que no nos vemos!

– Bien, bien. – su amigo Manuel respondió – Sí, es verdad, hace tiempo que no nos vemos.

– Sí, desde que empecé a trabajar en la nueva empresa, no he tenido mucho tiempo para salir.

– ¿Y cómo te va en el trabajo? ¿Te gusta tu nuevo trabajo? – preguntó otra amiga, Ángela

– Sí, me gusta mucho. Trabajo con gente muy agradable y estoy aprendiendo muchas cosas nuevas.

– ¿Y qué haces en tu tiempo libre? ¿Tienes algún nuevo interés? – dije Manuel

– Sí, hace poco empecé a aprender francés. Me gusta mucho y quiero viajar a París en el futuro.

Después de un rato de conversación, Marta se dio cuenta de que una de sus amigas parecía preocupada.

– ¿Qué pasa? – Marta le preguntó a Angéla – Pareces

preocupada.

– Sí, justo ahora estoy planeando unas vacaciones y no sé a dónde ir. No tengo ideas. – ella respondió con triste

– ¿Quieres ir conmigo a Francia?

– ¿De verdad? ¡Claro, estaría encantada! – gritó Ángela con una sonrisa

Después del café, Marta se sintió feliz y relajada. Estaba contenta de haber podido reunirse con sus amigos y compartir sus experiencias.

Vocabulario:

amigo – amico

tomar un café – prendere un caffè

centro de la ciudad – centro della città

compartir – condividere

nueva experiencia – nuova esperienza

gente – persone

agradable – piacevole

cosas – cose

tiempo libre – tempo libero

interés – interesse

francés – francese

viajar – viaggiare

futuro – futuro

vacaciones – vacanze

preocupada – preoccupata

ir conmigo – venire con me

Capítulo 6: Una visita a la biblioteca

Marta decidió visitar la biblioteca para encontrar algunos libros para aprender más sobre su nuevo trabajo. Cuando llegó a la biblioteca, se dirigió a la sección de negocios y comenzó a buscar algunos libros.

De repente, el bibliotecaro se acercó a ella y le preguntó:

– Hola, mi nombre es Pablo, ¿necesitas ayuda para encontrar algún libro?

– Sí, estoy buscando libros sobre finanzas y negocios. – respondió Marta.

– Ah, puedo ayudarte con eso. ¿Has encontrado algún libro interesante?

– Sí, encontré algunos libros, pero no estoy segura de si son los adecuados. ¿Podrías echarles un vistazo?

– Por supuesto. Déjame ver. Ah, este es un buen libro sobre finanzas personales. Y este otro sobre negocios internacionales. Creo que serán útiles para ti.

– Muchas gracias. Eso es exactamente lo que estaba buscando.

Después de seleccionar los libros, Marta se sentó en una mesa y comenzó a leer uno de ellos. De repente, otro hombre se acercó a ella y le preguntó:

– Hola, ¿estás leyendo ese libro sobre finanzas personales? Es un gran libro, ¿no crees?

– Sí, lo es. Estoy aprendiendo mucho.

– Me llamo Juan, por cierto. Trabajo en una empresa de inversiones. Si alguna vez necesitas algún consejo financiero, no dudes en preguntarme.

– Gracias, Juan. Me encantaría escuchar tus consejos en el futuro.

Marta se sintió agradecida por la ayuda que había recibido de Pablo y Juan. Después de un rato, decidió que había leído suficiente por hoy y se despidió del bibliotecario y del hombre de negocios antes de salir de la biblioteca.

Vocabulario:

biblioteca – biblioteca

sección – sezione

negocios – affari

libro – libro

finanzas – finanze

bibliotecario – bibliotecario

nombre – nome

adecuados – adeguati

vistazo – sguardo

útiles – utili

seleccionar – selezionare

mesa – tavolo

leer – leggere

hombre – uomo

inversiones – investimenti

consejo – consiglio

financiero – finanziario

preguntar – chiedere

agradecida – grata

despedirse – congedarsi

Capítulo 7: Un día en la playa

Marta se despertó temprano para disfrutar de un día en la playa. Era un día soleado y perfecto para tomar el sol y nadar en el mar. Se puso su traje de baño, tomó una toalla y salió de su casa rumbo a la playa. Sin embargo, al llegar allí se dio cuenta de que había olvidado sus gafas de sol en casa.

– ¡Vaya! ¡He olvidado mis gafas de sol en casa! – se lamentó Marta.

En ese momento, un chico se acercó a ella y le ofreció un par de gafas de sol.

– Hola, ¿necesitas ayuda? Me llamo Miguel. – dijo el chico.

– ¡Hola! Me llamo Marta. Acabo de llegar a la playa y me he dado cuenta de que he olvidado mis gafas de sol en casa. – respondió Marta sorprendida por la oferta de ayuda.

– No te preocupes, yo tengo un par de gafas de sol que puedes usar mientras estés aquí. – dijo Miguel con una sonrisa.

– ¡Muchas gracias! – agradeció Marta con una sonrisa aliviada.

– De nada, espero que las disfrutes. – dijo Miguel antes de despedirse.

Marta pasó el día en la playa tomando el sol, leyendo un libro y nadando en el mar. Cuando el sol comenzó a ponerse, decidió que era hora de volver a casa.

– ¡Qué día tan maravilloso! – se dijo a sí misma mientras

caminaba de regreso a casa.

Marta estaba agradecida por la amabilidad de Miguel y estaba emocionada de haber encontrado a alguien tan amable en la playa.

Vocabulario:

playa – spiaggia

disfrutar – godere

día soleado – giornata soleggiata

sol – sole

tomar el sol – prendere il sole

nadar – nuotare

traje de baño – costume da bagno

toalla – asciugamano

momento – momento

olvidado – dimenticato

gafas de sol – occhiali da sole

aliviada – sollevata

pasar el día – trascorrere la giornata

caminar – camminare

maravilloso – meraviglioso

caminaba – camminava

alguien – qualcuno

Capítulo 8: El picnic de Marta y su familia

Marta y su familia decidieron hacer un picnic en el parque. La mamá de Marta preparó unos sándwiches de jamón y queso, y su papá trajo unas manzanas y botellas de agua.

Marta estaba emocionada porque le encantaba pasar tiempo al aire libre. Se sentaron en una manta y comenzaron a comer.

– ¡Esto está muy rico! – dijo Marta mientras masticaba un sándwich.

– Me alegra que te guste, Marta – respondió su mamá con una sonrisa.

Mientras comían, Marta vio a un niño jugando con su perro.

– ¡Qué lindo perro! – exclamó Marta.

– Sí, es muy juguetón – dijo su papá.

Después de comer, Marta decidió que quería jugar con el perro.

– ¿Crees que podría jugar con él, papá? – preguntó Marta.

– Tienes que preguntarle al chico. – respondió papá.

Marta se acercó al dueño del perro y le preguntó si podía jugar con él. El dueño asintió y Marta comenzó a jugar con el perro.

– ¡Este perro es muy divertido! – dijo Marta mientras el perro saltaba y movía la cola.

Después de jugar un rato, Marta y su familia guardaron sus cosas y se dirigieron de vuelta a casa, llevando consigo los recuerdos especiales de un día divertido con risas, comida deliciosa y momentos compartidos en el parque.

Vocabulario:

picnic – picnic

parque – parco

sándwiches – panini

jamón – prosciutto

queso – formaggio

manzanas – mele

agua – acqua

aire libre – aria aperta

sentarse – sedersi

manta – coperta

rico – delizioso

niño – bambino

perro – cane

dueño – proprietario

jugar – giocare

cola – coda

guardar – conservare

recuerdos – ricordi

especial – speciale

risa – risata

Capítulo 9: Celebrando el Cumpleaños

Marta estaba muy emocionada porque hoy era su cumpleaños y su mejor amiga, Ana, le había preparado una sorpresa especial. Ana le había dicho que se encontraran en un parque cercano para celebrar juntas.

Cuando Marta llegó al parque, vio que Ana había preparado una pequeña fiesta sorpresa con globos y una deliciosa torta de chocolate.

– ¡Feliz cumpleaños, Marta! – dijo Ana emocionada mientras le entregaba un regalo.

– ¡Muchas gracias, Ana! No puedo creer que hayas hecho todo esto por mí.

Después de comer un trozo de torta y abrir su regalo, Marta decidió que quería jugar en el parque.

– ¿Quieres jugar a la pelota, Ana? – preguntó Marta.

– ¡Claro! Vamos a jugar.

Marta y Ana comenzaron a jugar a la pelota mientras se reían y disfrutaban del hermoso día.

– ¡Ay, Ana, casi me das con la pelota! – exclamó Marta sorprendida

– Jajaja, lo siento, Marta. – respondió Ana con una risa – ¡Intentaré tener mejor puntería!

Después de jugar, Marta y Ana se sentaron en el césped para descansar y hablar sobre lo bonito que había sido el día. Se dieron cuenta de lo afortunadas que eran por ser amigas especiales y poder celebrar juntas. Marta sopló las velas de su pastel una vez más, deseando que su amistad con Ana siempre fuera fuerte y llena de felicidad en el futuro.

Vocabulario:

cumpleaños – compleanno

mejor – migliore

sorpresa – sorpresa

celebrar – celebrare

torta – torta

chocolate – cioccolato

regalo – regalo

pelota – palla

casi – quasi

me das – mi dai

jajaja – hahaha

lo siento – mi dispiace

intentaré – proverò

puntería – mira

descansar – riposare

hablar – parlare

juntas – insieme

pastel – torta

una vez más – ancora una volta

siempre – sempre

fuerte – forte

Capítulo 10: La visita al zoológico

Marta y su familia decidieron ir de excursión al zoológico. Marta estaba emocionada porque nunca había ido antes y le encantaban los animales.

Cuando llegaron, compraron las entradas y comenzaron a explorar el zoológico. Vieron leones, jirafas, monos y muchos otros animales interesantes.

Marta estaba especialmente emocionada de ver a los pingüinos. Les encantaba verlos deslizarse por el agua y caminar torpemente sobre el hielo.

Mientras estaban viendo a los pingüinos, Marta notó que uno de ellos parecía triste.

– Papá, ¿por qué ese pingüino está solo? – preguntó Marta señalando al pingüino solitario.

– A veces los pingüinos se separan del grupo por diferentes razones, pero no te preocupes, es normal – respondió su papá.

Marta decidió que quería hacer algo para animar al pingüino solitario. Recordó que había traído una barra de chocolate en su bolsa y pensó que podría dársela al pingüino.

– Papá, ¿crees que el pingüino querrá esto? – preguntó Marta sacando la barra de chocolate de su bolsa.

– No estoy seguro, pero puedes intentarlo – respondió su papá.

Marta se acercó al pingüino y le ofreció la barra de chocolate. El pingüino pareció curioso y se acercó para olfatearla. Después de unos momentos, el pingüino tomó la barra de chocolate con su pico y comenzó a comérsela.

– ¡Mira, papá, le gusta! – exclamó Marta emocionada.

Después de pasar todo el día en el zoológico, Marta y su familia regresaron a casa cansados pero felices. Habían pasado un día maravilloso viendo animales increíbles y creando recuerdos juntos.

Vocabulario:

zoológico – zoo

excursión – escursione

nunca – mai

animales – animali

entrada – biglietto d'ingresso

leon – leone

jirafa – giraffa

mono – scimmia

pingüino – pinguino

hielo – ghiaccio

triste – triste

solo – solo

separan – si separano

barra de chocolate – barretta di cioccolato

curioso – curioso

olfatear – annusare

pico – becco

comer – mangiare

cansado – stanco

felice – felice

regresar – ritornare

Capítulo 11: La clase de yoga

Marta quería encontrar una forma de relajarse después de un día de trabajo estresante, por lo que decidió tomar una clase de yoga en su gimnasio local. Cuando llegó, se unió a un grupo de personas que ya estaban haciendo estiramientos y meditando.

Marta encontró la clase de yoga muy relajante y comenzó a disfrutarla. Pero cuando el instructor le pidió que hiciera una postura complicada, se sintió un poco insegura.

– No estoy segura de que pueda hacer eso. – dijo Marta.

– No te preocupes, Marta. Puedes intentarlo. Si no lo consigues, simplemente haz lo que puedas. – respondió el instructor con una sonrisa.

Marta se esforzó y finalmente logró hacer la postura. Se sintió muy orgullosa de sí misma y agradecida por la paciencia del instructor.

Después de la clase, Marta se acercó al instructor y le preguntó si había alguna forma de practicar yoga en casa.

– Sí, hay muchos videos de yoga en línea que puedes seguir en casa. También puedes comprar un tapete de yoga y practicar en tu sala de estar.

– Gracias por el consejo. Definitivamente lo intentaré. – dijo Marta mientras se despedía del instructor.

Cuando llegó a casa, Marta buscó videos de yoga en línea y

comenzó a seguirlos. Descubrió que practicar yoga en casa era muy conveniente y relajante.

Vocabulario:

clase – classe

yoga – yoga

gimnasio – palestra

estiramientos – stretching

meditando – meditando

insegura – insicura

postura – postura

complicada – complicata

intentarlo – provarci

consigues – riesci

orgullosa – orgogliosa

paciente – paziente

acercó – si avvicinò

forma – modo

practicar – praticare

videos – video

línea – online

tapete – tappetino

sala de estar – soggiorno

conveniente – conveniente

relajante – rilassante

Capítulo 12: La aventura en el museo

Un día, Marta decidió visitar el museo de su ciudad para descubrir cosas interesantes. Se puso su ropa cómoda, tomó su mochila y se dirigió al museo con emoción.

Al llegar al museo, Marta se maravilló con la gran entrada y las hermosas esculturas que adornaban el lugar. Entró al museo y se acercó al mostrador de información.

– ¡Hola! ¿Puedes darme información sobre las exposiciones? – preguntó Marta con entusiasmo.

– ¡Hola! Claro, tenemos diferentes salas con exposiciones de arte, historia y ciencia. ¿Qué te gustaría explorar primero? – respondió el empleado amablemente.

– Me gustaría comenzar con la sala de arte. ¿Dónde puedo encontrarla? – preguntó Marta con curiosidad.

– La sala de arte está en el segundo piso. Solo debes subir las escaleras y girar a la izquierda. – explicó el empleado.

– ¡Gracias por la información! – agradeció Marta con una sonrisa.

Marta subió las escaleras y se adentró en la sala de arte. Se detuvo frente a un cuadro y comenzó a admirarlo. En ese momento, un niño llamado Pablo se acercó a ella.

– Hola, ¿te gusta esta pintura? – preguntó Pablo con curiosidad.

– ¡Hola! Sí, me encanta. Los colores son muy bonitos –

respondió Marta emocionada.

– ¿Sabes qué? Mi mamá es artista y ella me ha enseñado mucho sobre pintura. Puedo contarte más sobre esta obra si quieres – ofreció Pablo con amabilidad.

– ¡Claro! Me encantaría escuchar más sobre ella – dijo Marta con entusiasmo.

Pablo comenzó a explicarle los detalles de la pintura y compartió algunos datos interesantes sobre el artista. Marta estaba encantada de aprender cosas nuevas. Finalmente agradeció a Pablo por su ayuda y continuó su aventura en el museo.

Vocabulario:

aventura – avventura

museo – museo

emoción – emozione

ropa cómoda – abbigliamento comodo

mochila – zaino

lugar – luogo

mostrador de información – banco informazioni

sala de arte – sala d'arte

escaleras – scale

pinturas – dipinti

esculturas – sculture

cuadro – quadro

colores – colori

formas – forme

admirar – ammirare

detalles – dettagli

obra – opera d'arte

datos interesantes – informazioni interessanti

artista – artista

historia – storia

ciencia – scienza

oportunidad – opportunità

disfrutado – goduto

Capítulo 13: Cuidando a la mascota de un amigo

Marta era una niña responsable y amante de los animales. Un día, su amigo Daniel le pidió un favor muy importante.

– ¡Hola, Marta! Tengo que salir de la ciudad y necesito que cuides a mi gato, Tomás. ¿Podrías hacerlo? – preguntó Daniel.

– ¡Hola, Daniel! Claro que sí, me encantaría cuidar a Tomás. Sé lo importante que es para ti – respondió Marta.

Marta llegó a la casa de Daniel y encontró a Tomás esperándola en la sala. Después de asegurarse de que tuviera comida, agua y juguetes, Marta se ocupó de cuidarlo durante varios días. También lo llevó al parque, donde Tomás pudo jugar con otros gatos y disfrutar del aire libre. Marta y Tomás se hicieron amigos y se divirtieron juntos.

Al final de la semana, Daniel regresó y Marta le contó todas las aventuras que había tenido con Tomás.

– ¡Gracias, Marta! Me alegra saber que Tomás estuvo en buenas manos. Eres una gran amiga – dijo Daniel agradecido.

– De nada, Daniel. Cuidar de Tomás fue un verdadero placer. Siempre estaré aquí para ayudarte cuando lo necesites.

Marta se despidió de Tomás con cariño, sabiendo que había formado un lazo especial con él durante su tiempo juntos. Estaba feliz de haber podido ayudar a su amigo y cuidar de su querida mascota.

Vocabulario:

mascota – animale domestico

niña – bambina

amante – amante

salir – uscire

cuidar – prendersi cura

semana – settimana

fin de semana – fine settimana

comida – cibo

asegurarse – assicurarsi

varios días – diversi giorni

lazo – fiocco

querido/a – caro/a

juguetes – giocattoli

cariño – affetto

Capítulo 14: El primer vuelo

Marta estaba emocionada porque iba a hacer su primer viaje en avión. Había ahorrado dinero durante mucho tiempo y finalmente llegó el día en que iba a volar a un país extranjero. Se encontraba en el aeropuerto, con su maleta y su pasaporte en la mano.

– Buenos días, ¿cómo puedo ayudarte? – preguntó la azafata

– Hola, tengo un vuelo a Londres. ¿En qué puerta de embarque debo estar?

La azafata le dio la información sobre la puerta de embarque y Marta se dirigió allí. Una vez a bordo del avión, buscó su asiento y se sentó junto a una mujer amigable.

– Hola, ¿es este el asiento 15B? – preguntó Marta emocionada.

– Sí, así es. ¿Es tu primer vuelo? – respondió la mujer con una sonrisa.

– ¡Sí, es mi primer vuelo! – respondió Marta emocionada – Estoy tan emocionada pero también un poco nerviosa.

– No te preocupes, los vuelos son muy seguros. Te acostumbrarás pronto. – dijo la mujer tranquilizándola.

El avión despegó y Marta observaba por la ventana mientras el paisaje se volvía más pequeño a medida que ganaban altura.

– ¡Mira, estamos volando por encima de las nubes! – exclamó Marta emocionada.

– Sí, es hermoso, ¿verdad? Disfruta del viaje. – respondió la mujer sonriendo.

Durante el vuelo, Marta escuchaba atentamente las instrucciones del personal de cabina y seguía las indicaciones de abrocharse el cinturón de seguridad y apagar los dispositivos electrónicos.

Finalmente, el avión aterrizó en el aeropuerto de Londres y Marta se despidió de la mujer con quien había compartido el vuelo.

Vocabulario:

primer vuelo – primo volo

viaje – viaggio

avión – aereo

volar – volare

extranjero – straniero

nerviosa – nervosa

aeropuerto – aeroporto

pasaporte – passaporto

azafata – hostess/assistente di volo

Londres – Londra

puerta de embarque – gate

asiento – posto

despegar – decollare

paisaje – paesaggio

te acostumbrarás – ti abituerai

ventana – finestra

nubes – nuvole

seguridad – sicurezza

Capítulo 15: El festival de música

Marta estaba emocionada porque ese fin de semana se celebraba el festival de música en su ciudad. Había oído hablar de este evento durante meses y no podía esperar. Se fue con amigo Manuel al centro de la ciudad, donde se llevaba a cabo el festival.

Cuando llegaron al lugar del festival, quedaron maravillados por el ambiente festivo que reinaba en el lugar. La música resonaba en cada rincón y la energía era contagiosa.

– ¡Mira, hay un escenario principal! Vamos allí primero – señaló Marta.

– ¡Sí, definitivamente! Quiero ver a esa banda de rock que tanto me gusta – dijo Manuel sonriendo.

Una vez frente al escenario, la música comenzó a sonar y el escenario se iluminó con luces brillantes. Marta y Manuel saltaban, cantaban y se dejaban llevar por la energía de la banda.

– ¡Esta canción es mi favorita! ¡Vamos a disfrutar al máximo! – gritó Marta.

Después de un concierto emocionante, descubrieron el escenario de música latina, donde una banda de salsa estaba tocando.

– ¡Me gusta mucho la música latina! ¿Quieres bailar conmigo? – preguntó Marta..

– ¡Claro, vamos a disfrutar de la música latina juntos! – respondió Manuel.

Bailaron al ritmo de la salsa y se divirtieron con otros asistentes que también estaban disfrutando del espectáculo.

– ¡Qué día tan increíble! Estoy muy contenta de haber venido al festival. – Marta comentó con alegría.

Se despidieron del festival con una sonrisa en el rostro y el corazón lleno de alegría. Esperaban con ansias volver al festival el próximo año.

Vocabulario:

música – musica

banda – band

concierto – concerto

escenario – palco

música latina – musica latina

bailar – ballare

alegría – gioia

asistentes – partecipanti

energía – energia

luces – luci

saltar – saltare

cantar – cantare

agitar – agitare

ritmo – ritmo

corazón – cuore

rostro – viso

el próximo año – l'anno prossimo

Capítulo 16: El paseo en bicicleta

Marta estaba emocionada porque era un hermoso día soleado y decidió salir a dar un paseo en bicicleta. Se puso su casco y agarró su bicicleta del garaje.

Mientras pedaleaba por las calles de su ciudad, vio cabalgando a su amiga Sofía.

– ¡Hola Sofía! ¿Qué haces por aquí? – exclamó Marta emocionada.

– ¡Hola Marta! – respondió sorprendida – Estaba conduciendo hacia el parque ¿Te gustaría unirte?

– ¡Claro! Sería genial.

Marta y Sofía montaron en sus bicicletas y comenzaron a pedalear juntas por el carril para bicicletas. Disfrutaban de la brisa en sus caras mientras conversaban.

Llegaron al parque y vieron un lago con patos nadando. Decidieron detenerse y observarlos por un momento.

– Mira, Marta, los patitos son tan lindos. – señaló el lago – Me encanta la naturaleza que encontramos aquí.

– Sí, es maravilloso. – respondió emocionada – Me siento tan en paz estando rodeada de tanta belleza.

Finalmente, Marta y Sofía regresaron al punto de partida donde habían dejado sus bicicletas. Se bajaron y se sentaron en un banco para descansar.

– Gracias por invitarme a este paseo en bicicleta, Sofía. – dijo Martha feliz – Ha sido maravilloso.

– De nada, Marta. – respondió Sofía sonriendo – Me alegra que hayas disfrutado. Definitivamente deberíamos hacerlo más seguido.

Con una sonrisa en sus rostros y el corazón lleno de alegría, Marta y Sofía se despidieron y acordaron planear más aventuras en bicicleta juntas.

Vocabulario:

paseo en bicicleta – giro in bicicletta

casco – casco

garaje – garage

pedalear – pedalare

carril para bicicletas – pista ciclabile

brisa – brezza

rodeada – circondata

naturaleza – natura

paz – pace

belleza – bellezza

patitos – paperelle

observar – osservare

lago – lago

invitarme – invitarmi

deberíamos – dovremmo

planear – pianificare

Capítulo 17: Preparando una comida especial

Había llegado el día en que Marta quería sorprender a su familia con una comida especial. Estaba emocionada y decidida a preparar algo delicioso. Se puso el delantal y se dirigió a la cocina.

– ¡Hola mamá, hola papá! – exclamó Marta al entrar a la casa – Hoy quiero preparar una comida especial para todos. ¿Les gustaría probar algo diferente?

– ¡Claro, hija! – respondió el papá – ¿Qué tienes en mente?

– Quiero hacer pasta con salsa de tomate casera y albóndigas. ¿Les parece bien? – preguntó Marta

– ¡Suena delicioso! – dijo la mamá con entusiasmo – ¿Necesitas ayuda?

– Sería genial si me ayudas con la salsa de tomate mientras yo hago las albóndigas.

Marta y su madre fueron a la cocina. Marta pelaba los tomates mientras su madre calentaba una sartén con aceite de oliva. Después de mezclar los ingredientes de la receta, formó bolitas y las colocó en una bandeja para hornear. Después de un tiempo, la salsa de tomate estaba lista y las albóndigas se doraban en el horno.

– ¡La comida está lista! – exclamó Marta – Vengan a la mesa.

La familia disfrutó de la deliciosa comida que Marta había

preparado con cariño.

– Marta, esta comida está increíble. – dijo el papá con una sonrisa – ¡Eres toda una chef!

– Estoy muy orgullosa de ti, hija – agregó la mamá con satisfacción.

– Gracias, mamá, papá. – respondió Marta con alegría – Me alegra que les haya gustado.

Con una sonrisa en sus rostros, la familia disfrutó de un momento especial compartiendo una comida deliciosa y el amor que habían puesto al prepararla.

Vocabulario:

sorprender – sorprendere

delicioso – delizioso

salsa – salsa

casera – fatta in casa

mente – mente

albóndigas – polpette

pelaba – sbucciava

calentaba – scaldava

sartén – padella

aceite de oliva – olio d'oliva

mezclar – mescolare

receta – ricetta

bolitas – palline

hornear – cuocere al forno

doraban – stavano dorando

increíble – incredibile

chef – chef

gustado – piaciuto

amor – amore

Capítulo 18: Una excursión a la montaña

Marta y sus amigos Pedro y Laura decidieron aventurarse en una emocionante excursión a la montaña. Se encontraron temprano en el punto de encuentro acordado, llevando mochilas con agua y bocadillos. Comenzaron a caminar por el sendero, siguiendo las señales.

– Wow, las vistas son impresionantes aquí arriba. – exclamó Marta emocionada

– Sí, vale la pena cada paso que damos. – respondió Pedro

Continuaron ascendiendo, disfrutaron del hermoso paisaje y descansaron junto a un arroyo. Mientras descendían por el sendero, Pedro señaló un árbol peculiar y exclamó:

– ¡Miren ese árbol gigante! Parece sacado de un cuento.

Marta y Laura se detuvieron para admirar el majestuoso árbol y mostraron su emoción con una sonrisa en sus rostros. Después, continuaron subiendo, enfrentando terrenos difíciles. A medida que subían, el terreno se volvía más empinado y desafiante.

– ¡No nos rindamos! Estamos casi allí. – animó Marta al grupo.

Finalmente, llegaron a la cima y quedaron impresionados por la vista panorámica.

– ¡Qué lugar increíble! – dijo Laura admirada.

– ¡Vale la pena todo el esfuerzo! – expresó Pedro emocionado.

Pasaron un tiempo disfrutando del momento, absorbiendo la serenidad y la grandeza de la naturaleza que los rodeaba.

Descansaron un poco y luego comenzaron a bajar, llevando consigo recuerdos especiales.

– Ha sido una experiencia increíble. – agradeció Marta – Gracias por este día.

– La naturaleza nos da energía. – respondió Pedro agradecido – Fue genial compartir esto contigo.

Con una sensación de satisfacción y alegría, regresaron a casa, sabiendo que habían vivido una aventura única y ansiosos por futuras exploraciones juntos.

Vocabulario:

montaña – montagna

vista – vista

aquí arriba – qui in alto

vale la pena – ne vale la pena

paso – passo

sendero – sentiero

subir – salire

cima – cima

impresionante – impressionante

a medida que – mano a mano che

bocadillos – spuntini

árbol – albero

gigante – gigante

cuento – racconto

terreno – terreno

difícil – difficile

serenidad – serenità

rodeaba – circondava

bajar – scendere

ansioso – ansioso

Capítulo 19: Aprendiendo a bailar salsa

Marta había decidido aprender a bailar salsa, y hoy sería su primera clase. Llegó al estudio de baile temprano y se encontró con su amiga Laura.

– ¡Hola Laura! – exclamó Marta emocionada – ¿Estás lista para aprender a bailar salsa?

– ¡Hola Marta! – respondió Laura – Sí, estoy emocionada pero también un poco nerviosa. Nunca he bailado salsa antes.

– No te preocupes, ¡estoy segura de que lo haremos genial!

Después de un rato, el profesor de salsa, Carlos, entró en la habitación.

– ¡Hola chicas! – dijo Carlon con entusiasmo – Bienvenidas a la clase de salsa.

La clase comenzó con un calentamiento para preparar los músculos. Luego, Pedro les enseñó los pasos básicos de la salsa.

– Comienza con el pie derecho, dando un paso hacia el costado. – explicó Carlos – Luego, lleva el pie izquierdo hacia el derecho y vuelve a poner el pie derecho en su lugar. Repite del otro lado.

Después de practicar el paso básico, Carlos les mostró movimientos más difíciles.

– Ahora vamos a hacer giros y vueltas. – dijo Carlos –Escuchen mis instrucciones y sigan el ritmo de la música.

Marta y Laura se esforzaron por seguir las instrucciones de Carlos. A medida que practicaban, se sentían más seguras y empezaban a entender el ritmo de la salsa.

Al final de la clase, Carlos felicitó a Marta y Laura por su progreso.

– ¡Lo hicieron muy bien chicas! Sigan practicando y pronto serán unas excelentes bailarinas de salsa.

– ¡Gracias, Carlos! – agradeció Marta – Nos vemos en la próxima clase.

Con la música de salsa resonando en el estudio, Marta y Laura salieron con energía y alegría, listas para seguir su aventura en el mundo del baile.

Vocabulario:

antes – prima

segura – sicura

habitación – camera

calentamiento – riscaldamento

músculo – muscolo

enseñó - insegnò

básico – basilare

derecho - diritto

costado – fianco

repite – ripeti

giro – giro

vuelta – giro

sigan – seguite

esforzar – sforzarsi

entender – capire

progreso – progresso

resonar – risuonare

mundo – mondo

Capítulo 20: Un día de lluvia en casa

Era un día lluvioso y Marta estaba en casa sin nada que hacer. Estaba aburrida y deseaba que el sol brillara para poder salir a jugar afuera. De repente, sonó el teléfono.

– ¡Hola! – dijo Marta emocionada al contestar la llamada.

– ¡Hola Marta! – respondió su amiga Laura – ¿Qué estás haciendo en este día lluvioso?

– No mucho, estoy aburrida en casa. – dijo Marta con decepción.

– ¡No te preocupes! Tengo una idea. ¿Por qué no hacemos una tarde de juegos en mi casa? – sugirió Laura entusiasmada.

– ¡Eso suena genial! Me encantaría. – exclamó Marta emocionada por la idea de divertirse con su amiga.

Marta se preparó rápidamente y se dirigió a casa de Laura. Al llegar, ambas amigas se sentaron en la sala y comenzaron a jugar a su juego de mesa favorito.

– ¡Mira, Marta! ¡Soy la ganadora! – exclamó Laura emocionada al ganar una ronda.

– ¡Felicitaciones, Laura! Eres la mejor en este juego. – dijo Marta riendo.

Después de varias rondas de juegos, las chicas decidieron hacer una pausa y tomar algo de merienda.

– Tengo galletas y jugo. ¿Quieres algo, Marta? – preguntó Laura amablemente.

–¡Sí, por favor! Me encantan las galletas. – respondió Marta con entusiasmo.

Mientras disfrutaban de su merienda, escucharon el sonido de la lluvia golpeando las ventanas.

– Aunque estemos en casa, ¡nos divertimos mucho! – dijo Marta sonriendo.

– ¡Así es! A veces, los días lluviosos pueden ser divertidos si los pasamos juntas. – dijo Laura felizmente.

Pasaron el resto de la tarde riendo, jugando y disfrutando de su compañía. Aunque el sol no había salido, Marta y Laura habían convertido un día lluvioso en un día lleno de diversión y risas en casa.

Vocabulario:

lluvia – pioggia

nada – niente

aburrida – annoiata

brillar – brillare

afuera – fuori

decepción – delusione

sugerir – suggerire

juegos – giochi

ambas – entrambi

ganadora – vincitrice

felicitaciones – congratulazioni

galleta – biscotto

jugo – succo

ronda – turno

pausa – pausa

merienda – merenda

golpeando – colpendo

aunque – anche se

compañía – compagnia

Ejercicios de los capítulos

Capítulo 1: La llegada a la ciudad

Responde a las preguntas:

1. ¿Cómo se llama la protagonista del Capítulo 1?

2. ¿Cuántos años tiene Marta?

3. ¿Cómo se siente Marta al llegar a la ciudad?

4. ¿Qué lleva Marta consigo mientras camina por las calles de la ciudad?

5. ¿Quién es Juan y cómo ayuda a Marta?

6. ¿En qué calle vive Marta?

Capítulo 2: Tienda de comestibles

Completa las siguientes frases con la palabra correcta:

1. Marta decidió ir a la _____ de comestibles más cercana.

2. La tienda estaba bien _____ y organizada

3. Marta compró _____ y lechugas frescas en la sección de vegetales.

4. Las _____ estaban a la derecha de los productos enlatados.

5. Marta compró manzanas y _____ en la sección de

frutas.

6. Marta pagó por sus compras con su _____ de crédito.

Capítulo 3: La reunión con los vecinos

Indique cual oración es verdadera o falsa:

1. Marta recibió una invitación para asistir a una reunión de vecinos en su nuevo edificio.

2. La reunión de vecinos se llevó a cabo en el parque.

3. La reunión fue programada para un domingo por la mañana.

4. El presidente de la asociación habló sobre los próximos eventos.

5. Marta no se sintió cómoda con sus vecinos durante la reunión.

6. Marta no está satisfecha con la ubicación del edificio.

Capítulo 4: El primer día de trabajo

Responde a las siguientes preguntas:

1. ¿Por qué Marta estaba emocionada?

a) Porque iba a empezar un nuevo trabajo.

b) Porque iba a terminar su trabajo anterior.

c) Porque iba a irse de vacaciones.

2. ¿Quién recibió a Marta en la oficina?

a) Su amigo.

b) Su compañero de equipo.

c) Su jefe.

3. ¿Qué le mostró David a Marta en la oficina?

a) Los diferentes departamentos y áreas.

b) Los documentos importantes.

c) Los descansos de café.

4. ¿Quién era el compañero de equipo de Marta?

a) David.

b) Sebastián.

c) Un cliente.

5. ¿Qué tarea le asignó David a Marta al final?

a) Que se presentara al equipo.

b) Que empezara a trabajar.

c) Que mostrara los documentos importantes.

6. ¿Qué hizo Marta al final del primer día de trabajo?

a) Se reunió con su jefe para discutir su desempeño.

b) Hizo nuevos amigos en la oficina.

c) Regresó a casa para descansar.

Capítulo 5: Reunirse con amigos

Indique cual oración es verdadera o falsa:

1. Marta había visto a sus amigos recientemente.

2. Marta está aprendiendo alemán.

3. Marta no tiene tiempo para salir debido a su trabajo.

4. Manuel está interesado en aprender francés.

5. Ángela estaba preocupada por la falta de ideas para unas vacaciones.

6. Marta invitó a Ángela a viajar juntas a Francia.

Capítulo 6: Una visita a la biblioteca

Responde a las siguientes preguntas:

1. ¿Por qué Marta decidió visitar la biblioteca?

a) Para encontrar algunos libros sobre finanzas y negocios.

b) Para conocer a Pablo y Juan.

c) Para pasar el tiempo.

2. ¿Quién ayudó a Marta a encontrar los libros adecuados?

a) Juan.

b) El bibliotecario Pablo.

c) Marta se encontró los libros sola.

3. ¿Qué libro recomendó Pablo a Marta?

a) Un libro sobre ciencias sociales.

b) Un libro sobre finanzas personales.

c) Un libro sobre arte.

4. ¿De qué trabaja Juan?

a) De bibliotecario.

b) De agente de bienes raíces.

c) De una empresa de inversiones.

5. ¿Qué ofreció Juan a Marta?

a) Consejos financieros.

b) Una cena gratis.

c) Un boleto de avión.

6. ¿Qué hizo Marta después de visitar la biblioteca?

a) Se fue a tomar un café.

b) Regresó a casa para leer los libros.

c) Se encontró con sus amigos en el parque.

Capítulo 7: Un día en la playa

Responde a las preguntas:

1. ¿Qué cosa olvidó Marta en casa?

2. ¿Qué le ofreció Miguel a Marta?

3. ¿Cómo respondió Marta a la oferta de ayuda?

4. ¿Qué respondió Miguel cuando Marta le agradeció?

5. ¿Qué hizo Marta durante su día en la playa?

6. ¿Cómo se sintió Marta después de pasar el día en la playa?

Capítulo 8: El picnic de Marta y su familia

Completa las siguientes frases con las palabras adecuadas del vocabulario:

1. Marta y su familia decidieron hacer un _____ en el parque.

2. La mamá de Marta preparó unos _____ de jamón y queso.

3. El papá de Marta trajo unas _____ y botellas de agua.

4. Marta estaba emocionada porque le encantaba pasar tiempo al aire libre. Se sentaron en una _____ y comenzaron a comer.

5. Marta vio a un niño jugando con su _____.

6. Después de jugar un rato, Marta y su familia decidieron recoger todo y regresar a _____.

Capítulo 9: Celebrando el Cumpleaños

Responde a las preguntas:

1. ¿Qué le preparó Ana a Marta para su cumpleaños?

2. ¿Qué decidieron hacer Marta y Ana después de la sorpresa?

3. ¿Qué tipo de torta preparó Ana?

4. ¿Qué pasó cuando un perro se acercó a ellas?

5. ¿Cómo reaccionó Marta ante la presencia del perro?

6. ¿Quién se encargó del perro?

Capítulo 10: La visita al zoológico

Indique cual oración es verdadera o falsa:

1. Marta y su familia decidieron ir al zoológico.

2. Marta estaba emocionada por visitar el acuario en el zoológico.

3. Marta vio muchos animales diferentes en el zoológico.

4. Marta decidió regalarle al pingüino una barra de chocolate.

5. El pingüino rechazó la barra de chocolate que Marta le ofreció.

6. Marta y su familia regresaron a casa cansados pero felices al final del día.

Capítulo 11: La clase de yoga

Responde a las preguntas:

1. ¿Qué quería Marta después de un día de trabajo estresante?

2. ¿Dónde decidió Marta tomar una clase de yoga?

3. ¿Cómo se sintió Marta cuando el instructor le pidió que hiciera una postura complicada?

4. ¿Qué le sugirió el instructor a Marta para practicar yoga en casa?

5. ¿Qué hizo Marta cuando llegó a casa?

6. ¿Qué descubrió Marta al practicar yoga en casa?

Capítulo 12: La aventura en el museo

Indique cual oración es verdadera o falsa:

1. Marta decidió visitar el zoológico.

2. Marta llevaba una mochila.

3. El empleado del museo le dio información sobre las exposiciones.

4. Marta quería comenzar explorando la sala de ciencias.

5. La sala de arte está en el primer piso.

6. Pablo es hijo de un artista.

Capítulo 13: Cuidando a la mascota

Lee el siguiente fragmento del texto y completa las oraciones con la forma correcta de los verbos entre paréntesis en pretérito perfecto simple (pretérito indefinido):

Marta _____ (llegar) a la casa de Daniel y _____ (encontrar) a Tomás esperándola en la sala. Después de asegurarse de que _____ (tener) comida, agua y juguetes, Marta _____ (ocuparse) de cuidarlo durante varios días. También _____ (llevar) a Tomás al parque, donde Tomás _____ (jugar) con otros gatos y _____ (disfrutar) del aire libre.

Capítulo 14: El primer vuelo

Lee cada pregunta y elige la opción correcta (A, B o C) que complete mejor la frase:

1. Marta _____ su primer vuelo en avión.

a) está

b) estaba

c) estuvo

2. La azafata _____ información sobre la puerta de embarque.

a) da

d) dio

c) daaba

3. Marta _____ junto a una mujer amigable en el avión.

a) se sienta

b) se sentó

c) se sientó

4. El avión _____ y el paisaje _____ más pequeño.

a) despegó / se hizo

b) despegó / se hacía

c) despega / se hizo

5. Durante el vuelo, Marta _____ atentamente las instrucciones.

a) escucha

b) escuchó

c) escuchaba

6. Finalmente, el avión _____ en el aeropuerto de Londres.

a) aterrizó

b) aterriza

c) aterrizará

Capítulo 15: El festival de música

Responde a las preguntas:

1. ¿Por qué Marta estaba emocionada?

2. ¿Qué se puso Marta para ir al festival?

3. ¿Qué hizo Marta cuando llegó al lugar del festival?

4. ¿Qué tipo de música le gusta a Manuel?

5. ¿Qué hicieron Marta y Manuel en el escenario de música latina?

6. ¿Cómo se sintió Marta al final del festival?

Capítulo 16: El paseo en bicicleta

Completa las siguientes frases con las palabras correctas:

1. Marta estaba emocionada porque era un día _____.

2. Marta se puso su _____ y agarró su bicicleta del _____.

3. Marta le gritó a Sofía: "¡Hola Sofía! ¿Qué _____ por aquí?"

4. Marta y Sofía montaron en sus _____ y comenzaron a _____ juntas por el carril para bicicletas.

5. Marta señaló el _____ y exclamó: "Mira, Sofía, los _____ son tan lindos."

6. Marta agradeció a Sofía por invitarla y dijo: "Gracias por _____ a este paseo en bicicleta, Sofía. Ha sido _____."

Capítulo 17: Preparando una comida especial

Indique cual oración es verdadera o falsa:

1. Marta quería sorprender a su familia con una comida especial.

2. Marta decidió preparar pasta con salsa de tomate casera y albóndigas.

3. El padre de Marta no estaba interesado en probar algo diferente.

4. Marta y su madre pelaron los tomates juntas.

5. La familia disfrutó de la comida preparada por Marta.

6. Marta se sintió triste y decepcionada con la reacción de sus padres.

Capítulo 18: Una excursión a la montaña

Une las parejas correctamente, combinando la primera parte de la oración con la segunda parte:

1. Marta y sus amigos decidieron aventurarse en una emocionante excursión...

2. Comenzaron a caminar por el sendero, siguiendo...

3. Las vistas desde arriba eran...

4. Marta y Laura se detuvieron para...

5. A medida que subían, el terreno se volvía más...

6. Descansaron un poco y luego comenzaron a...

a) ...descansar y disfrutar del hermoso paisaje.

b) ...ascenso.

c) ...increíbles.

d) ...más empinado y desafiante.

e) ...animar al grupo.

f) ...bajar llevando recuerdos especiale

Capítulo 19: Aprendiendo a bailar salsa

Responde a las siguientes preguntas:

1. ¿Cómo se sentía Laura antes de su primera clase de salsa?

a) Emocionada y nerviosa.

b) Aburrida y cansada.

c) Triste y enojada.

2. ¿Con qué comenzó la clase de salsa?

a) Con un calentamiento.

b) Con un examen.

c) Con una competencia.

3. ¿Qué les mostró Carlos a Marta y Laura para practicar?

a) Movimientos de breakdance.

b) Movimientos de natación.

c) Movimientos más complejos de salsa.

4. ¿Qué hicieron Marta y Laura para seguir las instrucciones de Carlos?

a) Ignoraron las instrucciones.

b) Tomaron un descanso.

c) Se esforzaron por seguir las instrucciones.

5. ¿Qué ganaron Marta y Laura a medida que practicaban?

a) Confusión y frustración.

b) Miedo y desesperanza.

c) Confianza y ritmo en la salsa.

6. ¿Qué hizo Carlos al final de la clase?

a) Los regañó por no hacerlo bien.

b) Los felicitó por su progreso.

c) Canceló la próxima clase.

Capítulo 20: Un día de lluvia en casa

Completa las siguientes frases con la palabra adecuada:

1. Marta estaba _____ en casa debido al mal tiempo.

a) triste

b) aburrida

c) emocionada

2. Laura propuso hacer una tarde de _____ en su casa.

a) juegos

b) películas

c) compras

3. Marta se mostró _____ por la idea de Laura.

a) feliz

b) enojada

c) asustada

4. Durante la tarde, Marta y Laura jugaron a su _____ favorito.

a) deporte

b) juego de mesa

c) instrumento musical

5. Marta y Laura escucharon el sonido de la lluvia _____ las ventanas.

a) acariciando

b) cerrando

c) golpeando

6. Marta dijo que se divertían mucho incluso sin _____.

a) amigos

b) sol

c) regalos

Soluciones

Capítulo 1: La llegada a la ciudad

1. La protagonista se llama Marta.

2. Marta tiene veinticinco años.

3. Marta se siente emocionada al llegar a la ciudad.

4. Marta lleva una maleta pequeña y una bolsa de mano.

5. Juan es un hombre joven que se encuentra con Marta en la calle y le ayuda a encontrar su camino hacia su nuevo hogar.

6. Marta vive en la calle Mariposa número 23.

Capítulo 2: Tienda de comestibles

1. tienda

2. limpia

3. tomates

4. frutas

5. plátanos

6. tarjeta

Capítulo 3: La reunión con los vecinos

1. VERDADERO

2. FALSO

3. FALSO

4. VERDADERO

5. FALSO

6. FALSO

Capítulo 4: El primer día de trabajo

1. a)

2. c)

3. a)

4. b)

5. b)

6. c)

Capítulo 5: Reunirse con amigos

1. FALSO

2. FALSO

3. VERDADERO

4. FALSO

5. VERDADERO

6. VERDADERO

Capítulo 6: Una visita a la biblioteca

1. a)

2. b)

3. b)

4. c)

5. a)

6. b)

Capítulo 7: Un día en la playa

1. Marta olvidó sus gafas de sol.

2. Miguel le ofreció un par de gafas de sol a Marta.

3. Marta agradeció a Miguel con una sonrisa aliviada.

4. Miguel respondió "De nada, espero que las disfrutes".

5. Marta tomó el sol, leyó un libro y nadó en el mar.

6. Marta se sintió relajada y rejuvenecida.

Capítulo 8: El picnic de Marta y su familia

1. picnic

2. sándwiches

3. manzanas

4. manta

5. perro

6. casa

Capítulo 9: Celebrando el Cumpleaños

1. Ana le preparó una sorpresa especial con globos y una torta de chocolate.

2. Marta y Ana decidieron jugar a la pelota en el parque.

3. Ana preparó una deliciosa torta de chocolate para Marta.

4. Un perro se acercó y comenzó a ladrar.

5. Marta se mantuvo tranquila y sugirió dejar que el dueño del perro se encargara de él.

6. El dueño del perro se encargó de él y lo llevó lejos de ellas.

Capítulo 10: La visita al zoológico

1. VERDADERO

2. FALSO

3. VERDADERO

4. VERDADERO

5. FALSO

6. VERDADERO

Capítulo 11: La clase de yoga

1. Marta quería relajarse y reducir su estrés.

2. Marta decidió tomar una clase de yoga en su gimnasio local.

3. Marta se sintió un poco insegura.

4. El instructor le sugirió seguir videos de yoga en línea y practicar en casa con un tapete de yoga.

5. Buscó videos de yoga en línea y comenzó a seguirlos.

6. Marta descubrió que practicar yoga en casa era conveniente y relajante.

Capítulo 12: La aventura en el museo

1. FALSO

2. VERDADERO

3. VERDADERO

4. FALSO

5. FALSO

6. VERDADERO

Capítulo 13: Cuidando a la mascota

Marta llegó a la casa de Daniel y encontró a Tomás esperándola en la sala. Después de asegurarse de que tuviera comida, agua y juguetes, Marta se ocupó de cuidarlo durante varios días.

También lo llevó al parque, donde Tomás pudo jugar con otros gatos y disfrutar del aire libre.

Capítulo 14: El primer vuelo

1. b)

2. b)

3. b)

4. a)

5. c)

6. a)

Capítulo 15: El festival de música

1. Marta estaba emocionada por el festival de música.

2. Marta se puso su camiseta favorita.

3. Marta saltó, cantó y se dejó llevar por la energía de la banda.

4. A Manuel le gusta la música latina.

5. Marta y Manuel bailaron salsa en el escenario de música latina.

6. Marta se sintió muy contenta.

Capítulo 16: El paseo en bicicleta

1. soleado

2. casco, garaje

3. haces

4. bicicletas, pedalear

5. lago, patitos

6. invitarme, maravilloso

Capítulo 17: Preparando una comida especial

1. VERDADERO

2. VERDADERO

3. FALSO

4. FALSO

5. VERDADERO

6. FALSO

Capítulo 18: Una excursión a la montaña

1. b)

2. e)

3. c)

4. a)

5. d)

6. f)

Capítulo 19: Aprendiendo a bailar salsa

1. a)

2. a)

3. c)

4. c)

5. c)

6. b)

Capítulo 20: Un día de lluvia en casa

1. b)

2. a)

3. a)

4. b)

5. c)

6. a)

Ingram Content Group UK Ltd.
Milton Keynes UK
UKHW021417040723
424531UK00015B/683